Wer bist du wirklich?
Ein Guide zu den 16 Persönlichkeitstypen ID16™©

Jarosław Jankowski

Wieso sind wir so verschieden? Wieso nehmen wir auf unterschiedliche Art Informationen auf, entspannen anders, treffen anders Entscheidungen oder organisieren auf verschiedene Weiseunser Leben?

„Wer bist du wirklich?" erlaubt es Ihnen, sich selbst und andere Menschen besser zu verstehen. Der im Buch enthaltene Test ID16 hilft Ihnen dabei, Ihren Persönlichkeitstyp festzustellen.

Ihr Persönlichkeitstyp:

Stratege
(INTJ)

Ihr Persönlichkeitstyp:

Stratege
(INTJ)

Serie ID16$^{TM©}$

JAROSŁAW JANKOWSKI

LOGOS
MEDIA

Ihr Persönlichkeitstyp: Stratege (INTJ)

Diese Veröffentlichung hilft Ihnen, Ihr Potenzial besser zu nutzen, gesunde Beziehungen zu anderen Menschen aufzubauen und richtige Entscheidungen auf Ihrem Bildungs- und Berufsweg zu treffen. Sie sollte aber keineswegs als Ersatz für eine fachliche psychologische oder psychiatrische Beratung angesehen werden.

Der Autor sowie der Herausgeber übernehmen keine Haftung für eventuelle Schäden, die aufgrund der Nutzung dieser Publikation entstanden sind.

ID16™© ist eine vom Autor geschaffene Persönlichkeitstypologie, die nicht mit Typologien und Tests anderer Autoren oder Institutionen verglichen werden kann.

Aus Gründen der Lesbarkeit wurde im Text die männliche Form gewählt, nichtsdestoweniger beziehen sich die Angaben auf Angehörige beider Geschlechter.

Originaltitel: Twój typ osobowości: Strateg (INTJ)

Übersetzung aus dem Polnischen: Wojciech Dzido, Lingua Lab, www.lingualab.pl

Redaktion: Martin Kraft, Lingua Lab, www.lingualab.pl

Technische Redaktion: Zbigniew Szalbot

Herausgeber: LOGOS MEDIA

Druckausgabe: ISBN 978-83-7981-156-4

eBook (EPUB): ISBN 978-83-7981-157-1

eBook (MOBI): ISBN 978-83-7981-158-8

Inhaltsverzeichnis

Einführung

Ihr Persönlichkeitstyp: Stratege (INTJ) stellt ein außergewöhnliches Nachschlagewerk zum *Stratege* dar, einem der 16 Persönlichkeitstypen ID16™©.

Dieser Guide ist Teil der Serie ID16™©, die aus 16 Bänden besteht, die den einzelnen Persönlichkeitstypen gewidmet sind. Sie liefern auf eine ausführliche und verständliche Art und Weise Antworten auf folgende Fragen:

- Wie denken und fühlen Menschen, die zum jeweiligen Persönlichkeitstyp gehören? Wie treffen sie Entscheidungen? Wie lösen sie Probleme? Wovor haben sie Angst? Was stört sie?

- Mit welchen Persönlichkeitstypen kommen sie gut klar, mit welchen hingegen nicht? Was für Freunde, Lebenspartner, Eltern sind diese Menschen? Wie werden sie von anderen betrachtet?

- Was für berufliche Voraussetzungen haben sie? In was für einem Umfeld arbeiten sie am effektivsten? Welche Berufe passen am besten zu ihrem Persönlichkeitstyp?

- Was können sie gut und an welchen Fähigkeiten müssen sie noch feilen? Wie können sie ihr Potenzial ausschöpfen und Fallen aus dem Weg gehen?

- Welche bekannten Personen gehören zum jeweiligen Persönlichkeitstyp?

- Welche Gesellschaft verkörpert die meisten Charakterzüge des jeweiligen Typs?

In diesem Buch finden Sie ebenso die wichtigsten Informationen zur Persönlichkeitstypologie ID16$^{TM©}$.

Wir hoffen, dass es Ihnen dabei hilft, sich selbst und andere Menschen besser zu verstehen und kennenzulernen.

DIE HERAUSGEBER

ID16™©
im Kontext Jungscher Persönlichkeitstypologien

ID16™© gehört zur Familie der sog. Jungschen Persönlichkeitstypologien, die auf der Theorie von Carl Gustav Jung (1875-1961) basieren – einem Schweizer Psychiater und Psychologen und einem der wichtigsten Vertreter der sog. Tiefenpsychologie.

Auf Grundlage langjähriger Forschungen und Beobachtungen kam Jung zur Schlussfolgerung, dass die Unterschiede in der Haltung und den Vorlieben von Menschen nicht zufällig sind. Er erschuf daraufhin die heute bekannte Unterscheidung in Extrovertierte und Introvertierte. Ferner unterschied Jung vier Persönlichkeitsfunktionen, die zwei gegensätzliche Paare bilden: Empfindung – Intuition und Denken – Fühlen. Jung betonte, dass in jedem dieser Paare eine der Funktionen dominierend ist. Er kam zur Einsicht, dass die dominierenden Eigenschaften eines jeden Menschen stetig und unabhängig von externen Bedingungen sind, ihre Resultante hingegen der jeweilige Persönlichkeitstypus ist.

Im Jahre 1938 erschufen zwei amerikanische Psychiater, Horace Gray und Joseph Wheelwright, den ersten Persönlichkeitstest, der auf der Theorie von Jung basierte und die Bestimmung dominierender Funktionen in den drei von ihm beschriebenen Dimensionen ermöglichte: **Extraversion-Introversion**, **Empfindung-Intuition** sowie **Denken-Fühlen.** Dieser Test wurde zur Inspiration für andere Forscher. Im Jahre 1942, ebenfalls in den USA, begannen wiederum Isabel Briggs Myers und Katharine Briggs ihren eigenen Persönlichkeitstest anzuwenden. Sie erweiterten das klassische, dreidimensionale Modell von Gray und Wheelwright um eine vierte Dimension: **Bewertung-Beobachtung**. Die meisten der späteren Typologien und Persönlichkeitstests, die auf der Theorie von Jung basierten, übernahmen daraufhin auch diese vierte Dimension. Zu ihnen gehört auch u. a. die amerikanische Studie aus dem Jahre 1978 von David W. Keirsey sowie der Persönlichkeitstest von Aušra Augustinavičiūtė aus den 1970er Jahren. In den folgenden Jahrzehnten folgten Forscher aus der ganzen Welt, womit sie weitere vierdimensionale Typologien und Tests erschufen, die an lokale Bedingungen und Bedürfnisse angepasst wurden.

Zu dieser Gruppe gehört die unabhängige Persönlichkeitstypologie ID16™©, die in Polen vom

Pädagogen und Manager Jarosław Jankowski erarbeitet wurde. Diese Typologie, die im ersten Jahrzehnt des 21. Jahrhunderts veröffentlicht wurde, basiert ebenfalls auf der klassischen Theorie von Carl Gustav Jung. Ähnlich wie auch andere moderne Jungsche Typologien reiht sie sich in die vierdimensionale Persönlichkeitsanalyse ein. Im Falle von ID16™© werden diese Dimensionen als **vier natürliche Veranlagungen** bezeichnet. Diese Veranlagungen haben einen dichotomischen Charakter, ihre Charakteristik hingegen liefert Informationen über die Persönlichkeit eines Menschen. Die Analyse der ersten Veranlagung hat die Bestimmung einer dominierenden **Lebensenergiequelle** zum Ziel (äußere oder innere Welt). Die zweite Veranlagung wiederum bestimmt die dominierende Art und Weise, wie **Informationen aufgenommen werden** (mithilfe von Sinnen oder Intuition). Die dritte Veranlagung hingegen determiniert die dominante **Entscheidungsfindung** (Verstand oder Herz). Die Analyse der letzten Veranlagung schlussendlich liefert den dominanten **Lebensstil** (organisiert oder spontan). Die Kombination aller natürlichen Veranlagungen ergibt im Endresultat einen von **16 möglichen Persönlichkeitstypen**.

Eine besondere Eigenschaft der Typologie ID16™© ist ihre praktische Dimension. Sie beschreibt die einzelnen Persönlichkeitstypen in der Praxis – auf der Arbeit, im Alltag oder in zwischenmenschlichen Kontakten und Beziehungen. Diese Typologie konzentriert sich nicht auf die innere Dynamik der Persönlichkeit und versucht nicht, eine theoretische Erklärung für innere, unsichtbare

Prozesse zu finden. Viel mehr versucht sie zu erläutern, wie die jeweilige Persönlichkeit nach außen wirkt und welchen Einfluss sie auf ihr Umfeld nimmt. Diese Fokussierung auf den sozialen Aspekt einer jeden Persönlichkeit stellt eine Gemeinsamkeit mit der o. g. Typologie von Aušra Augustinavičiūtė dar.

Jeder der 16 Persönlichkeitstypen ID16™© ist eine Resultante natürlicher Veranlagungen des Menschen. Die Zuschreibung zum jeweiligen Typus birgt aber keine Bewertung. Keiner der Typen ist besser oder schlechter als die anderen. Jeder von ihnen ist schlichtweg anders und verfügt über seine eigenen starken und schwachen Seiten. ID16™© erlaubt es, diese Unterschiede zu identifizieren und sie zu beschreiben. Er hilft einem dabei sich selbst zu verstehen und seinen Platz auf dieser Welt zu finden.

Die Tatsache, dass Menschen ihr eigenes Persönlichkeitsprofil kennen, erlaubt es ihnen, voll und ganz ihr Potenzial zu nutzen und an all jenen Gebieten zu arbeiten, die ihnen Probleme bereiten könnten. Es ist eine unschätzbare Hilfe im Alltag, bei der Suche nach Problemlösungen, beim Aufbau gesunder zwischenmenschlicher Beziehungen sowie bei der Entscheidungsfindung auf dem Bildungs- und Berufsweg.

Die Identifizierung des Persönlichkeitstypus ist kein willkürlicher oder mechanischer Prozess. Jeder Mensch ist als „Inhaber und Nutzer seiner Persönlichkeit" in vollem Maße kompetent zu entscheiden, zu welchem Typus er gehört. Somit haben Menschen eine Schlüsselrolle in diesem Prozess. Solch eine Selbstidentifizierung kann zum einen dadurch erfolgen, dass man sich die Beschreibungen aller 16 Persönlichkeitstypen durchliest und schrittweise die Auswahl einengt. Zum anderen kann man aber auch den schnelleren Weg wählen und den Persönlichkeitstest ID16™© ausfüllen. Auch in diesem Falle spielt der „Nutzer einer Persönlichkeit" die Schlüsselrolle, denn das Ergebnis des Tests hängt einzig und allein von seinen Antworten ab.

Die Identifizierung soll dabei helfen, sich selbst und andere zu verstehen, wenngleich sie keinesfalls als Orakel für die Zukunft angesehen werden sollte. Der Persönlichkeitstyp sollte zudem nie unsere Schwächen oder schlechte Beziehungen zu anderen Menschen rechtfertigen (obwohl er helfen sollte, die Gründe hierfür zu verstehen)!

Im Rahmen von ID16™© wird die Persönlichkeit nie als statisch, genetisch determinierter Zustand verstanden, sondern als Resultante angeborener und erworbener Eigenschaften. Solch eine Perspektive vernachlässigt nicht den freien Willen und kategorisiert nicht. Sie eröffnet viel mehr neue Perspektiven und regt zur Arbeit an sich selbst an, indem sie Bereiche aufzeigt, in denen dies am meisten benötigt wird.

Der Stratege (INTJ)

PERSÖNLICHKEITSTYPOLOGIE ID16™©

Profil

Lebensmotto: *Das lässt sich perfektionieren!*

Unabhängige, herausragende Individualisten, die über unglaublich viel Energie verfügen. Sie sind kreativ und einfallsreich. Von anderen werden sie als kompetente und selbstsichere Menschen angesehen, wenngleich sie distanziert und enigmatisch wirken. *Strategen* betrachten alle Angelegenheiten aus einer breiten Perspektive. Sie möchten ihre Umwelt perfektionieren und ordnen.

Strategen sind gut organisiert, verantwortungsbewusst, kritisch und anspruchsvoll. Es ist schwer, sie aus dem Gleichgewicht zu bringen. Zugleich ist es aber auch nicht einfach, sie völlig zufrieden zu stellen. Ihre Natur erschwert es ihnen, die Gefühle und Emotionen anderer Menschen zu erkennen.

Natürliche Veranlagungen des *Strategen*

- Die Quelle seiner Lebensenergie: seine innere Welt.
- Informationsaufnahme: Intuition.
- Art und Weise wie Entscheidungen getroffen werden: Verstand.
- Lebensstil: organisiert.

Ähnliche Persönlichkeitstypen

- *Logiker*
- *Direktor*
- *Reformer*

Statistische Angaben

- *Strategen* stellen ca. 1-2 % der Gesellschaft dar.
- Unter *Strategen* überwiegen Männer (80 %).
- Das Land, welches dem Profil des *Strategen* entspricht, ist Finnland.[1]

Buchstaben-Code

Der universelle Code des *Strategen* ist in den Jungschen Persönlichkeitstypologien INTJ.

---

[1] Dies bedeutet nicht, dass alle Einwohner von Finnland zu dieser Gruppe gehören, wenngleich die finnische Gesellschaft – als Ganzes – viele charakteristische Eigenschaften der *Strategen* verkörpert.

Allgemeines Charakterbild

Strategen sind unabhängige, intelligente und kreative Menschen mit einem reichen Innern. Ihre Welt ist voller Überlegungen und Ideen. Sie schätzen Wissen und Kompetenzen. Wenn *Strategen* ein Problem analysieren, versuchen sie unter die Oberfläche zu schauen, um Aspekte, die für andere unsichtbar sind, zu erkennen. Sie konzentrieren sich üblicherweise auf die Zukunft und mögen es nicht zurückzuschauen. Andere Menschen sehen in ihnen „tiefgründige" Menschen mit großem Wissen.

Wahrnehmung und Gedanken

Strategen sind für gewöhnlich tatsächlich hervorragende Strategen (daher auch die Bezeichnung für diesen Persönlichkeitstyp). Sie beobachten unentwegt ihre Umwelt auf der Suche nach neuen Ideen. Es sind Menschen mit einem scharfsinnigen Verstand, die es verstehen, einzelne Fakten und Daten miteinander zu verbinden und deren Zusammenhänge zu erkennen. Sie vermögen es, treffsichere Verallgemeinerungen zu formulieren und erkennen relativ schnell sich wandelnde Bedingungen und Gegebenheiten. *Strategen* sind sich der möglichen Entwicklungsszenarien einer Situation bewusst und vermögen es, potenzielle Probleme und Gefahren zu erkennen. Wenn in ihrem Kopf eine neue Idee heranwächst, beginnen sie sofort darüber nachzudenken, wie sie in der Praxis angewandt werden könnte. *Strategen* hören nie auf, ihr

Umfeld zu „überwachen" und vermögen es, mithilfe neuer Daten, ihre vorher gewählte Strategie zu verifizieren.

Strategen sind in der Lage, kühl zu analysieren und Ereignisse objektiv und unparteiisch zu bewerten. Sie sind überaus logisch und rational und richten sich nach ihrer Intuition, der sie sehr vertrauen. Ihre Beurteilungen und Ansichten vertreten *Strategen* als etwas Natürliches. Für gewöhnlich gehen sie von vornerein davon aus, dass sie Recht haben (oftmals ist dem auch so). *Strategen* mögen es, komplexe theoretische Probleme zu lösen. Dahingegen langweilen sie sich bei Routine und sich wiederholenden Tätigkeiten.

Wissen

Von Natur aus sind *Strategen* sehr tiefgründig. Wenn sie sich für eine Idee interessieren, versuchen Sie ihr auf den Grund zu gehen und sie vollkommen zu verstehen. Bereits in ihrer Jugend haben sie weitreichende Interessen und im Laufe der Jahre systematisieren sie ihr Wissen und bauen so eine Art innerer Weltkarte, die es ihnen erlaubt, die Realität mitsamt all ihren Phänomenen besser zu verstehen. *Strategen* kennzeichnen sich durch ständigen Wissensdurst und den Willen, die Welt zu verstehen. Sie lernen selbstständig und stellen sich Fragen, woraufhin sie nach Antworten suchen. *Strategen* analysieren kausale Zusammenhänge zwischen einzelnen Phänomenen und denken über allgemeine Regeln nach, die das menschliche Verhalten begründen.

Strategen überzeugen rationale Argumente. In Konzepten dulden sie keine logischen Inkohärenzen, in Systemen keine internen Widersprüche, in Organisationen wiederum keine unklaren Kompetenzen und Ineffizienz. Trotz ihres großen Wissen und einer guten Orientierung im Weltgeschehen wissen *Strategen* um ihre Mängel. Wenn sie sich auf einem Gebiet nicht auskennen, versuchen sie nicht, Experten vorzutäuschen. Viel mehr geben sie zu, das nötige Wissen nicht zu besitzen. Ferner vermögen sie es auch, aus eigenen Fehlern zu lernen und Konsequenzen für die Zukunft zu ziehen.

Organisation

Strategen haben eine Vorliebe für Ordnung und dulden weder Verschwendung noch Chaos. Von Natur aus sind sie Perfektionisten, die es vermögen, ohne Ende alles, womit sie sich beschäftigen, zu verbessern und zu vervollkommnen. Dabei sind sie aber auch extreme Pragmatiker. Wenn *Strategen* am Horizont neue Aufgaben erblicken, sind sie imstande ihre Verbesserungen von Dingen, die bereits gut funktionieren, aufzugeben, um weitere Herausforderungen anzunehmen.

Wenn *Strategen* eine Aufgabe annehmen, versuchen sie diese so gut wie möglich auszuführen. Sie sind nicht imstande, etwas bewusst unterhalb ihrer Fähigkeiten zu erledigen. Wenn sie eine Angelegenheit zu Ende gebracht haben, erfüllt sie das mit Befriedigung und dem Gefühl von Freiheit – sie können sich dann nämlich vollauf weiteren Herausforderungen widmen.

Entscheidungen

In der Regel brauchen *Strategen* ein bisschen Zeit, um eine Entscheidung zu treffen, verschieden Optionen zu erwägen oder mögliche Konsequenzen abzuwägen. Sie fühlen sich unwohl in Situationen, die von ihnen schnelles Handeln und Improvisation verlangen.

Strategen sind sehr unabhängig. Manchmal scheinen sie gar „inkompatibel" mit ihrem Umfeld zu sein. Die Meinungen und Verhaltensweisen anderer Menschen haben fast gar keinen Einfluss auf ihr Verhalten. Oftmals überraschen sie andere Menschen mit ihren Entscheidungen, da sie sich nicht nach dominierenden Ansichten oder allgemein geltenden Trends richten. Ihre eigenen Überlegungen und Schlüsse sind für sie wichtiger als die Meinung anderer Menschen.

Ihre unerschütterliche Selbstsicherheit (die stärkste unter allen Persönlichkeitstypen!) wird manchmal von anderen Menschen fälschlicherweise als Arroganz, Wichtigtuerei oder Verachtung anderer gedeutet.

Lösung von Problemen

Strategen vermögen es, Probleme als Ganzes, also in einem breiten Kontext zu betrachten. Sie analysieren sie unter verschiedenen Gesichtspunkten und aus unterschiedlichen Perspektiven. Ferner sind sie imstande, unwichtige Informationen auszublenden und sich auf die relevanten Daten zu beschränken, womit sie zu einer objektiven und logischen Analyse gelangen.

Sie sind mit ihren Gedanken voraus und erwägen verschiedene Szenarien. Ferner vermögen es *Strategen,* langfristige Konsequenzen verschiedener Handlungen vorherzusehen (oder deren Ausbleiben). Andere Menschen können oftmals mit ihnen nicht Schritt halten, da *Strategen* nicht selten mit Problemen beschäftigt sind, die noch nicht aufgetreten sind. Manchmal realisieren sie auch so ausgefallene und – auf den ersten Blick – seltsame Ideen, dass manch einer darüber nachdenkt, wie man überhaupt darauf kommen konnte. Dabei sind *Strategen* überaus flexibel – sie sind fähig, Veränderungen von Situationen und neue Voraussetzungen zu berücksichtigen sowie ihre früheren Ansichten und Ideen zu revidieren.

Kommunikation

Der Verstand von *Strategen* ist voller Konzepte, Ideen und Bilder, die einzig und allein für sie selbst verständlich sind. In der ursprünglichen, „unbearbeiteten" Fassung wären sie für ihr Umfeld unverständlich, wobei *Strategen* es verstehen, sie für andere zu „übersetzen" und sie als kohärente und geordnete Systeme darzustellen. *Strategen* vermögen es, ihre Meinung auf eine effektive und sehr überzeugende Art und Weise darzulegen, wenngleich sie manchmal dazu neigen, Fakten leicht zu verdrehen (damit sie besser zu ihrem schlüssigen System passen).

Strategen vermögen es, komplexe Theorien mithilfe von verständlichen Metaphern und einfachen Beispielen zu erklären und Ideen in fertige, langfristige und anwendbare Strategien zu verwandeln.

Leidenschaft

Strategen möchten die Realität und die Welt verbessern und anderen Menschen helfen. Sie machen dies nicht nur mithilfe von fertigen Lösungen für Probleme, aber auch mithilfe ihrer Fragen, die andere Menschen zum Denken und zum Handeln, zu einem Wechsel ihres Standpunktes oder ihrer Weltanschauung anregen. Wenn *Strategen* von einer Aufgabe überzeugt sind, sind sie imstande, sich ihr voll und ganz hinzugeben. Sie achten dabei weder auf ihre Zeit noch ihre Energie und verzichten gar auf Erholung. Sie wundern sich dabei lediglich, dass nicht alle Menschen ihre Begeisterung teilen. Dahingegen fällt es *Strategen* schwer, sich für Unterfangen zu engagieren, von denen sie nicht überzeugt sind.

Für gewöhnlich betrachten sie die Welt als Materie, die man beliebig formen und umwandeln kann, gemäß verschiedener Konzepte und Ideen. Die Möglichkeit der „Materialisierung" von Ideen sowie der Umgestaltung der Realität stellt sie überaus zufrieden. *Strategen* sind oftmals Autoren verschiedener, effektiver Systemlösungen und Handlungspläne. Wenn sie aber einmal ein System mit Erfolg erarbeitet und eingeführt haben, übergeben sie die Kontrolle gerne an andere, um sich neuen Herausforderungen zu widmen.

In Stresssituationen

Eine Problemquelle von *Strategen* kann ihr Unvermögen sein, auszuruhen und mit Stress umzugehen. Unter Stress können sie sich unnatürlich verhalten: sie lassen sich ablenken, achten auf Details,

sind pedantisch oder wiederholen ohne nachzudenken die gleichen Tätigkeiten (bspw. Sortieren
und Säubern irgendwelcher Gegenstände). Sie
können auch versuchen, Stress abzubauen, indem
sie auf Genussmittel zurückgreifen.

Sozialer Aspekt der Persönlichkeit

Strategen führen selten ihre Emotionen vor und gehen mit Lob eher sparsam um. Auf andere Menschen wirken sie zurückhaltend, ernst und konser-
vativ. Tatsächlich sind sie jedoch sensibel und sor-
gen sich um andere Menschen – vor allem um ihre
Nächsten. Ein weiterer Mythos ist auch ihr Kon-
servatismus, da *Strategen* offen für jegliche Neuhei-
ten sind und ihr ganzes Leben aktiv nach neuen
Ideen und Konzepten suchen.

Es stimmt jedoch, dass zwischenmenschliche
Kontakte für sie eine große Herausforderung dar-
stellen. *Strategen* verlieren sich, wenn sie menschliche Emotionen und Gefühle deuten müssen. Sie
erkennen auch nicht die Bedeutung von kleinen
Gesten und haben in der Regel nichts für Flirts
oder gegenseitiges Kokettieren übrig. Ferner halten *Strategen* nichts von physischem Kontakt mit
ihren Gesprächspartnern (bspw. Klopfen auf den
Rücken). Dafür mögen sie Kommunikation auf
Entfernung (bspw. E-Mails).

Von anderen Menschen erwarten *Strategen* rati-
onales und vernünftiges Verhalten sowie einen di-
rekten Ausdruck ihrer Gedanken. Sie mögen es
nicht, sich wiederholen zu müssen. Es liegt ihnen
auch nicht viel daran, Menschen, die von Anfang
an ihre Meinung ohne Kenntnis darüber ablehnen,

von ihren Ansichten überzeugen zu müssen. Oftmals gehen *Strategen* davon aus, dass all jenes, worüber sie sprechen, für alle offensichtlich sein sollte. Es kommt deswegen vor, dass sie beim Vorstellen irgendwelcher Thesen nicht erklären, wie sie zu jenen gelangt sind. Für eventuelles Unverständnis ihrer „Gedankensprünge" beschuldigen sie dann für gewöhnlich auch die anderen. Ihre starke Seite hingegen ist die gute Intuition sowie der Wille, die Beziehungen zu anderen Menschen zu verbessern.

Unter Freunden

Ihre Selbstsicherheit, ihr Wissen sowie ihre Intelligenz weckt für gewöhnlich bei anderen Menschen Respekt hervor. Oftmals werden *Strategen* jedoch als Menschen angesehen, denen man sich nur schwer nähern kann und die es schwer ist kennenzulernen, da sie alle auf Distanz halten. Viele Menschen stört die „besserwisserische" Haltung von *Strategen*. Andere wiederum haben Angst vor ihrem Scharfsinn, in der Annahme, *Strategen* wären imstande andere Menschen gänzlich zu durchschauen, weswegen sie sich in ihrer Anwesenheit verlegen fühlen.

All jene, die *Strategen* gut kennen, wissen, dass sie in Wahrheit nicht so strenge und hartgesottene Menschen sind, für die sie ab und zu gelten. In ihrem Freundeskreis vermögen es *Strategen* sich zu erholen und Spaß zu haben. Sie haben auch einen „tiefgründigen" Sinn für Humor, weswegen ihre Witze nicht nur lustig, aber auch scharfsinnig sind.

Ihre Freunde schätzen die Bekanntschaft mit *Strategen* und bewundern ihren Einfallsreichtum und ihr Wissen. *Strategen* sind für gewöhnlich sehr tolerante, diskrete und loyale Freunde. Eine große Bedeutung messen sie der Harmonie in ihren Beziehungen bei. Manchmal brauchen *Strategen* aber eine gewisse Distanz, um sich zurückzuziehen und ein wenig in Einsamkeit zu verweilen. Dies ist ihr natürliches Bedürfnis, da sie so ihre innere Welt schützen, wenngleich dies nicht auf einem Widerwillen gegen andere Menschen basiert.

Strategen mögen Treffen, dank denen sie neue Dinge kennenlernen. Sie schätzen auch Gespräche mit Menschen, die mehr wissen als sie oder Experten auf einem Gebiet sind. Am häufigsten freunden sie sich mit *Logikern, Direktoren, Inspektoren* und anderen *Strategen* an. Am seltensten hingegen mit *Moderatoren, Künstlern* und *Anwälten*. Sie besprechen mit ihren Freunden gerne ihre Ideen und analysieren gemeinsam verschiedene Theorien. Langeweile verspüren sie hingegen bei rein gesellschaftlichen Treffen sowie Small-Talk, Tratsch und höflichen Gesten.

In der Ehe

Strategen sind sehr unabhängig und möchten diese Unabhängigkeit auch ihren Lebenspartnern gewährleisten. Sie behandeln ihre Verpflichtungen gegenüber ihren Nächsten sehr ernst. Ihre Beziehungen sind für gewöhnlich gesund, beständig und stabil. *Strategen* suchen stets nach neuen Ideen und möchten ihr Weltbild perfektionieren, was manchmal zu radikalen Überbewertungen führt. Mit der Zeit kann sich also auch ihr Verständnis für frühere Verpflichtungen gegenüber anderen Menschen ändern.

Ihr Leben findet überwiegend in ihrem Innern statt – sie sind Menschen mit einer großen Phantasie, wobei es ihnen manchmal schwerfällt, ihre Überlegungen und idealistischen Visionen mit der unvollkommenen Realität zu versöhnen. Von Natur aus haben sie keine größeren emotionalen Bedürfnisse und erkennen diese auch nur schwer bei anderen Menschen. Für gewöhnlich sind *Strategen* nicht überschwänglich, weswegen sie ihre Partner auch nicht mit Komplimenten überhäufen. Ihre Hingabe äußern sie viel mehr durch konkrete Taten, wobei sie den Boden unter den Füßen verlieren, wenn sie in eine Situation geraten, in der sie die Gefühle anderer Menschen deuten bzw. ihre eigenen Empfindungen in Worte fassen müssen. Ihre Lebenspartner können in dieser Hinsicht gewisse Defizite empfinden. *Strategen* streben jedoch ununterbrochen die Verbesserung der Realität und Selbstvervollkommnung an, weswegen sie mit dieser Einstellung auch viel in ihrer Beziehung bezwecken können.

Natürliche Kandidaten als Lebenspartner sind für *Strategen* Personen mit verwandten Persönlichkeitstypen: *Logiker*, *Direktoren* oder *Reformer*. In solchen Beziehungen ist es für sie einfacher, gegenseitiges Verständnis und harmonische Beziehungen aufzubauen. Die Erfahrung zeigt aber, dass *Strategen* auch imstande sind, gelungene, glückliche Beziehungen mit Personen einzugehen, deren Typ offensichtlich völlig verschieden ist. Umso interessanter sind diese Beziehungen, da die Unterschiede zwischen den Partnern der Beziehung Dynamik verleihen und Einfluss auf die persönliche Entwicklung nehmen können (viele Personen bevorzugen diese Perspektive, die sich für sie interessanter gestaltet als eine harmonische Beziehung, in der ständig Einklang und gegenseitiges Verständnis herrscht).

Die Beziehungen von *Strategen* zu anderen Menschen sind für gewöhnlich gut, da sie in der Regel keine schlechten Beziehungen aufrechterhalten. Wenn sie zur Einsicht gelangen, dass eine Beziehung abgebrochen werden müsste, dann machen sie dies auch. Dies kann auch Ehebeziehungen betreffen. Scheidungen sind für *Strategen* aber keineswegs schmerzlose Ereignisse, wie manch einer vermuten könnte.

Als Eltern

Strategen sind sehr ergebene und pflichtbewusste Eltern. Sie nehmen ihre Rolle sehr ernst und helfen ihren Kindern, die Welt zu verstehen. Sie bringen ihnen bei, eigenständig und kritisch zu denken sowie autonome Entscheidungen zu treffen. Für gewöhnlich achten sie auch sehr auf die Bildung ihres Nachwuchses. Darüber hinaus möchten sie ihr Potenzial fördern und sie zu intelligenten und unabhängigen Menschen erziehen. Es kommt jedoch vor, dass sie die emotionalen Bedürfnisse ihrer Kinder nicht hoch genug einschätzen und infolgedessen ihnen auch nicht genügend Liebe und Zuneigung zeigen. Wenn sie nicht fähig sind, diese Feinfühligkeit zu entwickeln, kann es zu einer emotionalen Distanz zwischen ihnen und ihren Kindern kommen.

Strategen, denen es gelungen ist, die o. g. Fehler zu vermeiden, sind für ihre Kinder ausgezeichnete

Eltern und große Autoritäten. Sie nehmen ferner Einfluss auf die Entwicklung ihrer Kinder und regen sie an, die Welt zu erkunden und sich Wissen anzueignen, weswegen ihr Nachwuchs für gewöhnlich zu verantwortungsbewussten, kreativen und unabhängigen Menschen heranwächst, die keine Angst vor neuen Herausforderungen haben.

Arbeit und Karriere

Strategen haben eine Vorliebe für die Realisierung von theoretischen Konzepten sowie für die Systematisierung, Ordnung und Organisation der Welt. Sie sind gute Anwärter für Wissenschaftler, Ingenieure und Erfinder. Sie eignen sich auch hervorragend für jegliche Stellen, bei denen Tiefgründigkeit, Intelligenz und Unabhängigkeit gefragt sind.

Im Team

Strategen bevorzugen Einzelarbeit, die ihnen Autonomie gewährleistet und ihre Freiheiten nicht einschränkt. Sie stören sich an übermäßiger Kontrolle seitens ihrer Vorgesetzten, da sie ihre Privatsphäre schätzen und es nicht mögen, wenn jemand ihre Ruhe stört. Sie arbeiten aber auch gerne mit anderen talentierten Menschen und fühlen sich wohl in einer lockeren Gruppe ohne starre Hierarchie.

Strategen konzentrieren sich auf ein Ziel, selbst wenn andere es aus den Augen verlieren. Sie halten Termine immer ein und kommen stets ihren Pflichten nach. Eigenschaften von *Strategen*, die oftmals zu Missmut bei ihren Kollegen führen, sind ihre extreme Unabhängigkeit, ihr Perfektionismus, ihre Ungeduld, ihr Eifer bei Aufgaben, ihre Selbstsicherheit sowie ihr Glaube, sie hätten immer Recht.

Unternehmen

Strategen fühlen sich nicht wohl in Unternehmen, in denen feste Regeln und detaillierte Prozeduren wichtiger sind als kreative Idee und konkrete Erfolge. Sie schätzen Vorgesetzte, die kompetent sind und ihren Mitarbeitern vertrauen, sodass sie ihnen Freiheiten bei den von ihnen aufgetragenen Aufgaben überlassen.

Vorgesetzte

Strategen verfügen über natürliche Führungsqualitäten, wenngleich sie gerne im Hintergrund agieren und ihre Anführer unterstützen. Wenn die Situation es aber verlangt, zögern sie nicht und stellen sich ins Rampenlicht. Trotz fehlender „Machtaspirationen" haben sie oftmals leitende Positionen inne – sie sind perfekte Manager in den Bereichen, die nach organisatorischer und strategischer Planung verlangen.

Als Vorgesetzte achten sie auf die Effizienz ihrer Firma und ihrer Abteilungen, für die sie verantwortlich sind. Für gewöhnlich haben sie auch hohe Ansprüche und erwecken manchmal den Anschein von Personen, die man nur schwer zufriedenstellen kann.

Für gewöhnlich werfen sie ihre Mitarbeiter schnell ins kalte Wasser und helfen ihnen damit, Herausforderungen in der Zukunft sowie sich wandelnde Bedingungen zu erkennen. Sie dulden keine Unordnung, Verschwendung, Passivität und fehlendes Engagement. *Strategen* sind imstande – mit kühlem Kopf – alle unpraktischen und ineffektiven Lösungen zu eliminieren. Sie betrachten Dinge objektiv, ohne Sentiment oder emotionale Umhüllung. Ferner binden sie sich nicht an konkrete Lösungen und sind bereit, sie zu verwerfen, sofern sie in der Praxis nicht mehr anwendbar sind. Für *Strategen* macht es in solchen Fällen auch keinen Unterschied, wer die jeweilige Prozedur eingeführt hat und wie lange sie angewandt wurde.

Berufe

Das Wissen über das eigene Persönlichkeitsprofil sowie die natürlichen Präferenzen stellen eine unschätzbare Hilfe bei der Wahl des optimalen Berufsweges dar. Die Erfahrung zeigt, dass *Strategen* mit Erfolg in verschiedenen Bereichen arbeiten und aufgehen können. Doch dieser Persönlichkeitstyp prädisponiert sie auf natürliche Art und Weise zu folgenden Berufen:

- Administrator,
- Architekt,
- Arzt,
- Ausführender Direktor,
- Designer,
- Direktor für Forschung und Entwicklung,
- Dozent,
- Entwickler von IT-Systemen,
- Experte für Risikobewertung,
- Experte für strategische Planung,
- Finanzanalytiker,
- Fotograf,

- Informatiker,
- Ingenieur,
- Investor,
- IT-Analytiker,
- Jurist,
- Lehrer,
- Manager,
- Ökonom,
- Planer,
- Politiker,
- Programmierer,
- Projektkoordinator,
- Psychologe,
- Redakteur,
- Richter,
- Schriftsteller,
- Techniker,
- Verwalter,
- Wissenschaftler.

Potenzielle starke und schwache Seiten

Ähnlich wie auch andere Persönlichkeitstypen haben *Strategen* potenzielle starke und schwache Seiten. Dieses Potenzial kann auf verschiedenste Weise ausgeschöpft werden. Glück im Privatleben sowie Erfolg im Beruf hängen bei *Strategen* davon ab, ob sie die Chancen, die mit ihrem Persönlichkeitstyp verknüpft sind, nutzen und ob sie den Gefahren auf ihrem Weg die Stirn bieten können. Im

Folgenden eine ZUSAMMENFASSUNG dieser Chancen und Gefahren:

Potenzielle starke Seiten

Strategen verfügen über einen scharfsinnigen Verstand und vermögen es ohne Probleme, Dinge zu sehen, die für andere nicht greifbar sind. Sie erkennen schnell allgemeine Regeln, die das Leben bestimmen, sowie sich wiederholende Schemata menschlicher Verhaltensweisen. *Strategen* sind hervorragende Analytiker und Strategen – sie sind imstande, verschiedene Entwicklungsszenarien von Situationen vorherzusehen, Probleme aus einer breiten Perspektive zu betrachten und optimale Lösungen zu finden. Sie sind sehr eigenständig und gegen Kritik resistent, wenngleich sie fähig sind, ihre Meinung zu ändern, sofern sie Verbesserungen oder bessere Vorschläge entdecken. *Strategen* sind bei Aufgaben, die ihnen wichtig sind, sehr ausdauernd, weswegen sie auch oftmals ihre Ziele erreichen.

Strategen sind von Natur aus Erfinder. Ihre Intelligenz, ihr Verständnis für komplexe Theorien, ihre Logik sowie ihre Ausdauer erlauben es ihnen, neue Lösungen zu finden oder bereits bestehende auf eine neue, kreative Art und Weise zu nutzen. Sie verfügen über ein gesundes Maß an Selbstwertgefühl und kommen gut mit Konflikten zurecht. Sie vermögen es Dinge mit einem kühlen Kopf zu beurteilen – objektiv und emotionslos. *Strategen* sind verantwortungsbewusst und gehen ihre Verpflichtungen sehr ernst an. Sie sind dazu fähig, schädliche und toxische Beziehungen zu beenden und bereit, sich fortzubilden, neue Sachen zu lernen und ihre Beziehungen zu anderen Menschen zu verbessern.

Potenzielle schwache Seiten

Strategen haben von Natur aus Probleme, Gefühle zu deuten und emotionale Bedürfnisse anderer Menschen zu erkennen. Es fällt ihnen auch schwer, ihre eigenen Gefühle und Empfindungen in Worte zu fassen. Sie werden manchmal als zurückgezogen, unsensibel und distanziert angesehen. Oftmals fügen sie mit ihrer Haltung unbewusst anderen Menschen Leid zu und erzeugen so Spannungen in Beziehungen. Diese Probleme können bei *Strategen* zur Selbstisolation und konsequenterweise zu einem Rückzug in die Einsamkeit führen. *Strategen* fühlen sich in solchen Situationen fremd und beschuldigen andere, ihre Probleme ausgelöst zu haben, für die sie selber jedoch mit verantwortlich sind. In Konfliktsituationen versuchen sie Probleme mithilfe logischer Argumente zu lösen, wobei sie an die Vernunft anknüpfen. Dabei erkennen sie nicht den hohen Stellenwert menschlicher Gefühle und Emotionen an. Oftmals verstehen sie auch nicht, dass viele Probleme mit geistiger Unterstützung, Ermutigung und Trost gelöst werden können. Dies ist ein Bereich, in dem *Strategen* nicht gut zurechtkommen.

Ihre Familie und ihre Kollegen plagen oftmals ihr ständiges Bestreben, alles zu verbessern, ihre Selbstsicherheit sowie ihr Glauben, dass sie immer Recht haben. Ein weiteres Problem von *Strategen* können auch ihre hohen, oftmals unrealistischen Anforderungen an Menschen sein. *Strategen* haben einen niedrigen Toleranzpegel für Fehler anderer Menschen und sind sehr kritisch bei der Bewertung ihrer Leistungen. Sie sehen überall Mängel, Fehler und Ungenauigkeiten. Darüber hinaus suchen sie stets Inkohärenzen in der Denkweise und Argumentation anderer Menschen. Ihre kritische Haltung bewirkt, dass sie manchmal zu voreilig die Meinung oder die Vorschläge anderer Menschen zurückweisen. Eine potenzielle Quelle für Probleme von *Strategen* kann auch ihre natürliche Tendenz zu Arbeitssucht sowie das Unvermögen, zu entspannen, sein.

Persönliche Entwicklung

Die persönliche Entwicklung von *Strategen* hängt davon ab, in welchem Grad sie ihr natürliches Potenzial nutzen und ob sie die Gefahren, die in Verbindung mit ihrem Typ stehen, zu bewältigen vermögen. Die folgenden praktischen Tipps stellen eine Art Dekalog des *Strategen* dar.

Loben Sie andere Menschen

Ständige Kritik und das Aufzeigen von Fehlern wird Menschen nicht helfen. Seien Sie sparsamer mit Kritik und großzügiger mit Anerkennung! Nutzen Sie jede Gelegenheit, um andere Menschen wertzuschätzen und ein gutes Wort für sie parat zu haben. Sie werden den Unterschied merken und werden überrascht sein!

Lassen Sie einige Angelegenheiten ihren natürlichen Lauf nehmen

Es wird Ihnen nicht gelingen, alles unter Kontrolle zu haben. Sie werden nicht imstande sein, jedes Problem zu kontrollieren. Lassen Sie also weniger wichtige Angelegenheiten ihren natürlichen Lauf nehmen. Sie werden so viel mehr Energie sparen können und Frust vermeiden.

Sehen Sie ein, dass nicht alles verbessert werden muss

Einige Dinge sind bereits gut genug. Bei anderen wiederum macht es keinen Sinn, sie zu verbessern. Seien Sie auch nachsichtiger gegenüber anderen Menschen und versuchen Sie nicht, alle zu verbessern.

Lehnen Sie die Ideen und Meinungen anderer Menschen nicht ab

Bevor Sie sie als wertlos einstufen, denken Sie gründlich über sie nach und versuchen Sie, sie zu verstehen. Gehen Sie nicht davon aus, dass sich niemand so gut auf einem Gebiet auskennt wie Sie.

Erkennen Sie die positiven Seiten

Suchen Sie nicht ständig nach Fehlern oder Mängeln. Konzentrieren Sie sich nicht nur auf Unzulänglichkeiten. Erkennen Sie auch die positiven Aspekte des Lebens, die Vorzüge verschiedener Situationen und die guten Leistungen anderer Menschen.

Erlauben Sie anderen, Recht zu haben

Machen Sie sich bewusst, dass auch andere Menschen teilweise oder ganz (!) Recht haben können. Sehen Sie ein, dass auch Sie irren können und lernen Sie, anderen Recht zu geben. Aufgepasst! Zu Anfang können Ihre Verwandten und Kollegen verwundert sein!

Lassen Sie sich von anderen helfen

Wenn Sie ein Problem haben, sollten Sie nicht davor zurückschrecken, andere Menschen um Hilfe zu bitten und diese anzunehmen, bevor die Situation wirklich ernst wird.

Ruhen Sie sich aus

Versuchen Sie manchmal, Ihre Pflichten loszulassen und etwas Angenehmes zu unternehmen. Entspannen Sie, haben Sie ein bisschen Spaß. Dies hilft Ihnen, einen besseren Standpunkt einzunehmen und mit einem klaren Kopf zu Ihren Pflichten zurückzukehren.

Isolieren Sie sich nicht von anderen Menschen

Wahrscheinlich werden Sie niemals ein Faible für Gesellschaftstreffen, Tratsch, Small-Talk und Austausch von Anstandsfloskeln haben. Ihr Leben wird jedoch reicher sein, wenn Sie Kontakte mit Ihren Freunden pflegen und sich mit Menschen treffen, mit denen Sie ihre Leidenschaften und Interessen teilen.

Lächeln Sie mehr

Vielleicht wissen Sie es nicht, aber als *Stratege* machen Sie oftmals eine ernsthafte und harte Miene. Lernen Sie Ihre Mimik zu kontrollieren und verängstigen Sie andere Menschen nicht mit ihrem scheinbar bedrohlichen Gesichtsausdruck. Lächeln Sie mehr – nicht der Rede wert, aber die Effekte verblüffen!

Bekannte Personen

Eine Liste bekannter Personen, die dem Profil des *Strategen* entsprechen:

- **Isaac Newton** (1643-1727) – englischer Physiker, Astronom, Mathematiker und Philosoph, Entdecker des Gravitationsgesetzes;
- **Thomas Jefferson** (1743-1826) – 3. Präsident der Vereinigten Staaten;
- **Jane Austen** (1775-1817) – britische Schriftstellerin (u. a. *Stolz und Vorurteil*);
- **Karl Marx** (1818-1883) – deutscher Philosoph, Ökonom, Denker (u. a. *Das Kapital*) und Revolutionär, Mitbegründer der Ersten Internationalen;
- **Susan B. Anthony** (1820-1906) – US-amerikanische Sufragette, Gründerin der NWSA (National Woman Suffrage Association);
- **Friedrich Nietzsche** (1844-1900) – deutscher Altphilologe, Philosoph und Schriftsteller;

- **Lise Meitner** (1878-1968) – österreichische Kernphysikerin, sie veröffentlichte als erste die physikalisch-theoretische Erklärung der Kernspaltung;
- **Niels Bohr** (1885-1962) – dänischer Physiker, erhielt den Nobelpreis für Physik für seine Erforschung der Struktur der Atome und ihrer Strahlung;
- **C. S. Lewis** (1898-1963) – britischer Literaturkenner, Denker und Schriftsteller (u. a. *Die Chroniken von Narnia*);
- **Alan Greenspan** (geb. 1926) – US-amerikanischer Ökonom, langjähriger Vorsitzender der US-Notenbank (Federal Reserve System), Autorität auf dem Gebiet der Ökonomie und Geldpolitik;
- **Colin Powell** (1937-2021) – US-amerikanischer General und Politiker;
- **Arnold Schwarzenegger** (geb. 1947) – österreichisch-amerikanischer Bodybuilder und Schauspieler (u. a. *Terminator*), 38. Gouverneur von Kalifornien;
- **Dan Aykroyd** (geb. 1952) – kanadisch-amerikanischer Schauspieler (u. a. *Blues Brothers*);
- **Lance Armstrong** (geb. 1971) – US-amerikanischer Radfahrer und Olympiateilnehmer.

Die 16 Persönlichkeits-typen im Überblick

Der Animateur (ESTP)

Lebensmotto: *Lasst uns etwas unternehmen!*

Energisch, aktiv und unternehmerisch. Sie mögen die Gesellschaft anderer Menschen und sind imstande, den Augenblick zu genießen. Spontan, flexibel und offen für Veränderungen.

Enthusiastische Anreger und Initiatoren, die andere zum Handeln motivieren. Logisch, rational und überaus pragmatisch. *Animateure* sind Realisten, die abstrakte Ideen und die Zukunft betreffende Erwägungen ermüdend finden. Sie konzentrieren sich viel mehr auf konkrete Lösungen von aktuellen Problemen. Sie haben manchmal Schwierigkeiten bei der Organisation und Planung, denn sie neigen zu impulsiven Handlungen, weswegen es passieren kann, dass sie erst handeln und dann nachdenken.

Natürliche Veranlagungen des *Animateurs*

- Die Quelle seiner Lebensenergie: seine äußere Welt.
- Informationsaufnahme: Sinne.
- Art und Weise wie Entscheidungen getroffen werden: Verstand.
- Lebensstil: spontan.

Ähnliche Persönlichkeitstypen

- *Verwalter*
- *Praktiker*
- *Inspektor*

Statistische Angaben

- *Animateure* stellen ca. 6-10 % der Gesellschaft dar.
- Unter *Animateuren* überwiegen Männer (60 %).
- Das Land, welches dem Profil des *Animateurs* entspricht, ist Australien.[2]

---

[2] Dies bedeutet nicht, dass alle Einwohner von Australien zu dieser Gruppe gehören, wenngleich die australische Gesellschaft – als Ganzes – viele charakteristische Eigenschaften des *Animateurs* verkörpert.

Buchstaben-Code

Der universelle Code des *Animateurs* ist in den Jungschen Persönlichkeitstypologien ESTP.

Mehr:

Jarosław Jankowski
Ihr Persönlichkeitstyp: Animateur (ESTP)

Der Anwalt (ESFJ)

Lebensmotto: *Wie kann ich dir helfen?*

Enthusiastisch, energisch und gut organisiert. Praktisch, verantwortungsbewusst und gewissenhaft. Darüber hinaus herzlich und überaus gesellig.

Anwälte erkennen menschliche Stimmungen, Emotionen und Bedürfnisse. Sie schätzen Harmonie und vertragen schlecht Kritik oder Konflikte. Sie sind sehr sensibel in Bezug auf Ungerechtigkeiten sowie das Leid anderer Menschen. Sie interessieren sich aufrichtig für die Probleme anderer und sind glücklich, wenn sie ihnen helfen können. Indem sie sich um die Bedürfnisse anderer kümmern, vernachlässigen sie oftmals ihre eigenen. *Anwälte* neigen dazu, anderen auszuhelfen. Sie sind anfällig für Manipulationen.

Natürliche Veranlagungen des *Anwalts*

- Die Quelle seiner Lebensenergie: seine äußere Welt.
- Informationsaufnahme: Sinne.

- Art und Weise wie Entscheidungen getroffen werden: Herz.
- Lebensstil: organisiert.

Ähnliche Persönlichkeitstypen

- *Moderator*
- *Betreuer*
- *Künstler*

Statistische Angaben

- *Anwälte* stellen ca. 10-13 % der Gesellschaft dar.
- Unter *Anwälten* überwiegen Frauen (70 %).
- Das Land, welches dem Profil des *Anwalts* entspricht, ist Kanada.

Buchstaben-Code

Der universelle Code des *Anwalts* ist in den Jungschen Persönlichkeitstypologien ESFJ.

Mehr:

Jarosław Jankowski
Ihr Persönlichkeitstyp: Anwalt (ESFJ)

Der Berater (ENFJ)

Lebensmotto: *Meine Freunde sind meine Welt.*

Optimistisch, enthusiastisch und scharfsinnig. Höflich und taktvoll. Sie verfügen über ein unglaubliches Empathievermögen, wodurch es sie glücklich stimmt, durch selbstloses Handeln anderen Menschen Gutes zu tun. *Berater* vermögen es, Einfluss auf das Leben anderer zu nehmen – sie inspirieren, entdecken in ihnen verstecktes Potenzial und verleihen ihnen Glauben an das eigene Können. *Berater* strahlen Wärme aus, weswegen sie andere Menschen anziehen. Sie helfen ihnen oftmals, persönliche Probleme zu lösen.

Doch *Berater* neigen dazu, gutgläubig zu sein und die Welt durch eine rosarote Brille zu betrachten. Da sie ständig auf andere Menschen fixiert sind, vergessen sie oftmals ihre eigenen Bedürfnisse.

Natürliche Veranlagungen des *Beraters*

- Die Quelle seiner Lebensenergie: seine äußere Welt.
- Informationsaufnahme: Intuition.
- Art und Weise wie Entscheidungen getroffen werden: Herz.
- Lebensstil: organisiert.

Ähnliche Persönlichkeitstypen

- *Enthusiast*
- *Mentor*
- *Idealist*

Statistische Angaben

- *Berater* stellen ca. 3-5 % der Gesellschaft dar.
- Unter *Beratern* überwiegen Frauen (80 %).

- Das Land, welches dem Profil des *Beraters* entspricht, ist Frankreich.

Buchstaben-Code

Der universelle Code des *Beraters* ist in den Jungschen Persönlichkeitstypologien ENFJ.

Mehr:

Jarosław Jankowski
Ihr Persönlichkeitstyp: Berater (ENFJ)

Der Betreuer (ISFJ)

Lebensmotto: *Mir liegt viel an deinem Glück.*

Herzlich, bescheiden, vertrauenswürdig und überaus loyal. An erster Stelle stehen für *Betreuer* andere Menschen. Sie erkennen ihre Bedürfnisse und möchten ihnen helfen. Sie sind praktisch, gut organisiert und verantwortungsbewusst. Ferner zeichnen sie sich durch Geduld, Fleiß und Ausdauer aus. Sie führen ihre Pläne zu Ende.

Betreuer bemerken und prägen sich Details ein. Sie schätzen Ruhe, Stabilität und freundschaftliche Beziehungen zu anderen Menschen. Darüber hinaus vermögen sie es, Brücken zwischen Menschen zu bauen. Sie vertragen nur schlecht Kritik und Konflikte. *Betreuer* verfügen über ein starkes Pflichtbewusstsein und sind stets bereit anderen zu helfen. Manchmal werden sie von anderen ausgenutzt.

Natürliche Veranlagungen des *Betreuers*

- Die Quelle seiner Lebensenergie: sein Inneres.
- Informationsaufnahme: Sinne.
- Art und Weise wie Entscheidungen getroffen werden: Herz.
- Lebensstil: organisiert.

Ähnliche Persönlichkeitstypen

- *Künstler*
- *Anwalt*
- *Moderator*

Statistische Angaben

- *Betreuer* stellen ca. 8-12 % der Gesellschaft dar.
- Unter *Betreuern* überwiegen Frauen (70 %).
- Das Land, welches dem Profil des *Betreuers* entspricht, ist Schweden.

Buchstaben-Code

Der universelle Code des *Betreuers* ist in den Jungschen Persönlichkeitstypologien ISFJ.

Mehr:

Jarosław Jankowski
Ihr Persönlichkeitstyp: Betreuer (ISFJ)

Der Direktor (ENTJ)

Lebensmotto: *Ich sage euch, was zu tun ist!*

Unabhängig, aktiv und entschieden. Rational, logisch und kreativ. *Direktoren* betrachten analysierte Probleme in einem breiteren Kontext und sind imstande, die Konsequenzen von menschlichem Verhalten vorherzusehen. Sie zeichnen sich durch Optimismus und eine gesunde Selbstsicherheit aus. Sie können theoretische Konzepte in konkrete, praktische Pläne umwandeln.

Visionäre, Mentoren und Organisatoren. *Direktoren* verfügen über natürliche Führungsqualitäten. Ihre starke Persönlichkeit, ihr kritisches Urteilsvermögen sowie ihre Direktheit verunsichern andere Menschen häufig und führen zu Problemen bei zwischenmenschlichen Beziehungen.

Natürliche Veranlagungen des *Direktors*

- Die Quelle seiner Lebensenergie: seine äußere Welt.
- Informationsaufnahme: Intuition.
- Art und Weise wie Entscheidungen getroffen werden: Verstand.
- Lebensstil: organisiert.

Ähnliche Persönlichkeitstypen

- *Reformer*
- *Stratege*
- *Logiker*

Statistische Angaben

- *Direktoren* stellen ca. 2-5 % der Gesellschaft dar.
- Unter *Direktoren* überwiegen Männer (70 %).
- Das Land, welches dem Profil des *Direktors* entspricht, sind die Niederlande.

Buchstaben-Code

Der universelle Code des *Direktors* ist in den Jungschen Persönlichkeitstypologien ENTJ.

Mehr:

Jarosław Jankowski
Ihr Persönlichkeitstyp: Direktor (ENTJ)

Der Enthusiast (ENFP)

Lebensmotto: *Wir schaffen das!*

Energisch, enthusiastisch und optimistisch. Sie sind lebensfreudig und sind mit den Gedanken in der Zukunft. Dynamisch, scharfsinnig und kreativ. *Enthusiasten* mögen Menschen und schätzen ehrliche und authentische Beziehungen. Sie sind herzlich und emotional. *Enthusiasten* können aber schlecht mit Kritik umgehen. Sie verfügen über Empathie und erkennen die Bedürfnisse, Emotionen und Motive anderer Menschen. Sie inspirieren und stecken andere mit ihrem Enthusiasmus an.

Enthusiasten mögen es, im Zentrum der Aufmerksamkeit zu sein. Sie sind flexibel und vermögen es, zu improvisieren. Sie neigen zu idealistischen Ideen. *Enthusiasten* lassen sich einfach ablenken und haben Probleme damit, viele Angelegenheiten zu Ende zu bringen.

Natürliche Veranlagungen des *Enthusiasten*

- Die Quelle seiner Lebensenergie: seine äußere Welt.
- Informationsaufnahme: Intuition.
- Art und Weise wie Entscheidungen getroffen werden: Herz.
- Lebensstil: spontan.

Ähnliche Persönlichkeitstypen

- *Berater*
- *Idealist*
- *Mentor*

Statistische Angaben

- *Enthusiasten* stellen ca. 5-8 % der Gesellschaft dar.
- Unter *Enthusiasten* überwiegen Frauen (60 %).
- Das Land, welches dem Profil des *Enthusiasten* entspricht, ist Italien.

Buchstaben-Code

Der universelle Code des *Enthusiasten* ist in den Jungschen Persönlichkeitstypologien ENFP.

Mehr:

Jarosław Jankowski
Ihr Persönlichkeitstyp: Enthusiast (ENFP)

Der Idealist (INFP)

Lebensmotto: *Man kann anders leben.*

Sensibel, loyal und kreativ. Sie möchten im Einklang mit ihren Werten leben. *Idealisten* interessieren sich für die spirituelle Wirklichkeit und gehen den Geheimnissen des Lebens nach. Sie nehmen sich die Probleme der Welt zu Herzen und stehen Bedürfnissen anderer Menschen offen gegenüber. *Idealisten* schätzen Harmonie und Ausgeglichenheit.

Sie sind romantisch und dazu fähig, ihre Liebe zu anderen zu äußern, wobei sie selbst auch Wärme und Zärtlichkeit brauchen. Sie vermögen es, Motive und Gefühle anderer Menschen hervorragend zu erkennen. *Idealisten* bauen gesunde, tiefgründige und dauerhafte Beziehungen auf. In Konfliktsituationen verlieren sie den Boden unter den Füßen. Sie können Kritik und Stress nicht vertragen.

Natürliche Veranlagungen des *Idealisten*

- Die Quelle seiner Lebensenergie: seine innere Welt.
- Informationsaufnahme: Intuition.
- Art und Weise wie Entscheidungen getroffen werden: Herz.
- Lebensstil: spontan.

Ähnliche Persönlichkeitstypen

- *Mentor*
- *Enthusiast*
- *Berater*

Statistische Angaben

- *Idealisten* stellen ca. 1-4 % der Gesellschaft dar.
- Unter *Idealisten* überwiegen Frauen (60 %).
- Das Land, welches dem Profil des *Idealisten* entspricht, ist Thailand.

Buchstaben-Code

Der universelle Code des *Idealisten* ist in den Jungschen Persönlichkeitstypologien INFP.

Mehr:

Jarosław Jankowski
Ihr Persönlichkeitstyp: Idealist (INFP)

Der Inspektor (ISTJ)

Lebensmotto: *Die Pflicht geht vor.*

Menschen, auf die man sich immer verlassen kann. Wohlerzogen, pünktlich, zuverlässig, gewissenhaft, verantwortungsbewusst – die Zuverlässigkeit in Person. Analytisch, methodisch, systematisch und logisch. *Inspektoren* werden als beherrschte, kühle und ernsthafte Menschen angesehen. Sie schätzen Ruhe, Stabilität und Ordnung. *Inspektoren* mögen keine Veränderungen, dafür aber klare und konkrete Regeln.

Sie sind arbeitsam und ausdauernd, weswegen sie Angelegenheiten zu Ende bringen können. Es sind Perfektionisten, die über alles die Kontrolle haben möchten. Sie äußern sparsam Lob und sind nicht imstande, der Wichtigkeit der Gefühle und Emotionen anderer Menschen die gebürtige Beachtung zu schenken.

Natürliche Veranlagungen des *Inspektors*

- Die Quelle seiner Lebensenergie: seine innere Welt.
- Informationsaufnahme: Sinne.
- Art und Weise wie Entscheidungen getroffen werden: Verstand.
- Lebensstil: organisiert.

Ähnliche Persönlichkeitstypen

- *Praktiker*
- *Verwalter*
- *Animateur*

Statistische Angaben

- *Inspektoren* stellen ca. 6-10 % der Gesellschaft dar.
- Unter *Inspektoren* überwiegen Männer (60 %).
- Das Land, welches dem Profil des *Inspektors* entspricht, ist die Schweiz.

Buchstaben-Code

Der universelle Code des *Inspektors* ist in den Jungschen Persönlichkeitstypologien ISTJ.

Mehr:

Jarosław Jankowski
Ihr Persönlichkeitstyp: Inspektor (ISTJ)

Der Künstler (ISFP)

Lebensmotto: *Lasst uns etwas erschaffen!*

Sensibel, kreativ und originell. Sie haben ein Gefühl für Ästhetik und angeborene künstlerische Fähigkeiten. Unabhängig – *Künstler* agieren nach ihrem eigenen Wertesystem und ordnen sich keinerlei Druck von außen unter. Sie sind optimistisch und verfügen über eine positive Lebenseinstellung, weswegen sie jeden Augenblick genießen können.

Sie sind glücklich, wenn sie anderen helfen können. Abstrakte Theorien langweilen sie, denn *Künstler* ziehen es vor, die Realität zu erschaffen und nicht über sie zu sprechen. Es fällt ihnen jedoch weitaus leichter, neue Pläne zu realisieren, als bereits begonnene abzuschließen. Sie haben Schwierigkeiten, ihre eigenen Bedürfnisse und Wünsche zu äußern.

Natürliche Veranlagungen des *Künstlers*

- Die Quelle seiner Lebensenergie: seine innere Welt.
- Informationsaufnahme: Sinne.
- Art und Weise wie Entscheidungen getroffen werden: Herz.
- Lebensstil: spontan.

Ähnliche Persönlichkeitstypen

- *Betreuer*
- *Moderator*
- *Anwalt*

Statistische Angaben

- *Künstler* stellen ca. 6-9 % der Gesellschaft dar.
- Unter *Künstlern* überwiegen Frauen (60 %).
- Das Land, welches dem Profil des *Künstlers* entspricht, ist China.

Buchstaben-Code

Der universelle Code des *Künstlers* ist in den Jungschen Persönlichkeitstypologien ISFP.

Mehr:

Jarosław Jankowski
Ihr Persönlichkeitstyp: Künstler (ISFP)

Der Logiker (INTP)

Lebensmotto: *Man muss vor allem die Wahrheit über die Welt kennenlernen.*

Originell, einfallsreich und kreativ. *Logiker* mögen es, theoretische Probleme zu lösen. Sie sind analytisch, scharfsinnig und begegnen neuen Ideen mit Begeisterung. *Logiker* vermögen es, einzelne Phänomene zu verbinden und mithilfe von ihnen allgemeine Regeln und Theorien aufzustellen. Sie agieren logisch, präzise und tiefgründig. Unklare

Zusammenhänge und Inkonsequenzen werden von ihnen schnell erkannt.

Sie sind unabhängig und skeptisch gegenüber bereits vorliegenden Lösungen sowie Autoritäten. Zugleich sind sie tolerant und offen für neue Herausforderungen. Versunken in Gedanken verlieren sie ab und an den Kontakt zur Außenwelt.

Natürliche Veranlagungen des *Logikers*

- Die Quelle seiner Lebensenergie: seine innere Welt.
- Informationsaufnahme: Intuition.
- Art und Weise wie Entscheidungen getroffen werden: Verstand.
- Lebensstil: spontan.

Ähnliche Persönlichkeitstypen

- *Stratege*
- *Reformer*
- *Direktor*

Statistische Angaben

- *Logiker* stellen ca. 2-3 % der Gesellschaft dar.
- Unter *Logikern* überwiegen Männer (80 %).
- Das Land, welches dem Profil des *Logikers* entspricht, ist Indien.

Buchstaben-Code

Der universelle Code des *Logikers* ist in den Jungschen Persönlichkeitstypologien INTP.

Mehr:

Jarosław Jankowski
Ihr Persönlichkeitstyp: Logiker (INTP)

Der Mentor (INFJ)

Lebensmotto: *Die Welt könnte besser sein!*

Kreativ, sensibel, auf die Zukunft fixiert. *Mentoren* sehen Möglichkeiten, die andere Menschen nicht erkennen. Es sind Idealisten und Visionäre, die sich darauf konzentrieren, Menschen zu helfen. Pflichtbewusst und verantwortungsbewusst, zugleich auch höflich, fürsorglich und freundschaftlich. Sie versuchen, die Mechanismen der Weltordnung zu verstehen und betrachten Probleme aus einer breiten Perspektive.

Hervorragende Zuhörer und Beobachter. Sie zeichnen sich aus durch Empathie, Intuition und Vertrauen in Menschen. *Mentoren* sind imstande, Gefühle und Emotionen zu lesen, können wiederum aber nur schlecht Kritik annehmen und sich in Konfliktsituationen zurechtfinden. Andere können sie gelegentlich als enigmatisch empfinden.

Natürliche Veranlagungen des *Mentors*

- Die Quelle seiner Lebensenergie: seine innere Welt.
- Informationsaufnahme: Intuition.
- Art und Weise wie Entscheidungen getroffen werden: Herz.
- Lebensstil: organisiert.

Ähnliche Persönlichkeitstypen

- *Idealist*
- *Berater*
- *Enthusiast*

Statistische Angaben

- *Mentoren* stellen ca. 1 % der Gesellschaft dar und sind damit der seltenste Persönlichkeitstyp.
- Unter *Mentoren* überwiegen Frauen (80 %).
- Das Land, welches dem Profil des *Logikers* entspricht, ist Norwegen.

Buchstaben-Code

Der universelle Code des *Mentors* ist in den Jungschen Persönlichkeitstypologien INFJ.

Mehr:

Jarosław Jankowski
Ihr Persönlichkeitstyp: Mentor (INFJ)

Der Moderator (ESFP)

Lebensmotto: *Heute ist der richtige Zeitpunkt!*

Optimistisch, energisch und offen gegenüber Menschen. *Moderatoren* sind lebenslustig und haben gerne Spaß. Sie sind praktisch, zugleich aber auch flexibel und spontan. Sie mögen Veränderungen und neue Erfahrungen. Einsamkeit, Stagnation und Routine hingegen vertragen sie eher schlecht. *Moderatoren* mögen es, im Zentrum der Aufmerksamkeit zu stehen.

Sie verfügen über ein natürliches Schauspieltalent und über die Gabe, interessant und packend zu berichten. Indem sie sich auf das Hier und Jetzt konzentrieren verlieren sie manchmal langfristige Ziele aus den Augen. Sie neigen dazu, Konsequenzen ihres Handelns nicht richtig einschätzen zu können.

Natürliche Veranlagungen des *Moderators*

- Die Quelle seiner Lebensenergie: seine äußere Welt.
- Informationsaufnahme: Sinne.
- Art und Weise wie Entscheidungen getroffen werden: Herz.
- Lebensstil: spontan.

Ähnliche Persönlichkeitstypen

- *Anwalt*
- *Künstler*
- *Betreuer*

Statistische Angaben

- *Moderatoren* stellen ca. 8-13 % der Gesellschaft dar.
- Unter *Moderatoren* überwiegen Frauen (60 %).
- Das Land, welches dem Profil des *Moderators* entspricht, ist Brasilien.

Buchstaben-Code

Der universelle Code des *Moderators* ist in den Jungschen Persönlichkeitstypologien ESFP.

Mehr:

Jarosław Jankowski
Ihr Persönlichkeitstyp: Moderator (ESFP)

Der Praktiker (ISTP)

Lebensmotto: *Taten sind wichtiger als Worte.*

Optimistisch, spontan und mit einer positiven Lebenseinstellung. Beherrschte und unabhängige Menschen, die ihren eigenen Überzeugungen treu sind und äußeren Normen und Regeln skeptisch gegenüberstehen. *Praktiker* sind nicht an Theorien oder Überlegungen bzgl. der Zukunft interessiert. Sie ziehen es vor, konkrete und handfeste Probleme zu lösen.

Sie passen sich gut an neue Orte und Situationen an und mögen Herausforderungen und das Risiko. Ferner vermögen sie es, bei Gefahr einen kühlen Kopf zu behalten. Ihre Wortkargheit und extreme Zurückhaltung bei der Äußerung von Meinungen bewirken, dass sie für andere Menschen manchmal unverständlich erscheinen.

Natürliche Veranlagungen des *Praktikers*

- Die Quelle seiner Lebensenergie: seine innere Welt.
- Informationsaufnahme: Sinne.

- Art und Weise wie Entscheidungen getroffen werden: Verstand.
- Lebensstil: spontan.

Ähnliche Persönlichkeitstypen

- *Inspektor*
- *Animateur*
- *Verwalter*

Statistische Angaben

- *Praktiker* stellen ca. 6-9 % der Gesellschaft dar.
- Unter *Praktiker* überwiegen Männer (60 %).
- Das Land, welches dem Profil des *Praktikers* entspricht, ist Singapur.

Buchstaben-Code

Der universelle Code des *Praktikers* ist in den Jungschen Persönlichkeitstypologien ISTP.

Mehr:

Jarosław Jankowski
Ihr Persönlichkeitstyp: Praktiker (ISTP)

Der Reformer (ENTP)

Lebensmotto: *Und wenn man versuchen würde, es anders zu machen?*

Ideenreich, originell und unabhängig. *Reformer* sind Optimisten. Sie sind energisch und unternehmerisch. Wahrhaftige Tatmenschen, die gerne im

Zentrum des Geschehens sind und „unlösbare Probleme" lösen. Sie sind an der Welt interessiert, risikofreudig und ungeduldig. Visionäre, die offen für neue Ideen sind. Sie mögen neue Erfahrungen und Experimente. Ferner erkennen sie die Verbindungen zwischen einzelnen Ereignissen und sind mit ihren Gedanken in der Zukunft.

Spontan, kommunikativ und selbstsicher. *Reformer* neigen dazu, ihre eigenen Fähigkeiten zu überschätzen. Darüber hinaus haben sie Probleme damit, etwas zu Ende zu bringen.

Natürliche Veranlagungen des *Reformers*

- Die Quelle seiner Lebensenergie: seine äußere Welt.
- Informationsaufnahme: Intuition.
- Art und Weise wie Entscheidungen getroffen werden: Verstand.
- Lebensstil: spontan.

Ähnliche Persönlichkeitstypen

- *Direktor*
- *Logiker*
- *Stratege*

Statistische Angaben

- *Reformer* stellen ca. 3-5 % der Gesellschaft dar.
- Unter *Reformern* überwiegen Männer (70 %).
- Das Land, welches dem Profil des *Reformers* entspricht, ist Israel.

Buchstaben-Code

Der universelle Code des *Reformers* ist in den Jungschen Persönlichkeitstypologien ENTP.

Mehr:

Jarosław Jankowski
Ihr Persönlichkeitstyp: Reformer (ENTP)

Der Stratege (INTJ)

Lebensmotto: *Das lässt sich perfektionieren!*

Unabhängige, herausragende Individualisten, die über unglaublich viel Energie verfügen. Sie sind kreativ und einfallsreich. Von anderen werden sie als kompetente und selbstsichere Menschen angesehen, wenngleich sie distanziert und enigmatisch wirken. *Strategen* betrachten alle Angelegenheiten aus einer breiten Perspektive. Sie möchten ihre Umwelt perfektionieren und ordnen.

Strategen sind gut organisiert, verantwortungsbewusst, kritisch und anspruchsvoll. Es ist schwer, sie aus dem Gleichgewicht zu bringen. Zugleich ist es aber auch nicht einfach, sie völlig zufrieden zu stellen. Ihre Natur erschwert es ihnen, die Gefühle und Emotionen anderer Menschen zu erkennen.

Natürliche Veranlagungen des *Strategen*

- Die Quelle seiner Lebensenergie: seine innere Welt.
- Informationsaufnahme: Intuition.

- Art und Weise wie Entscheidungen getroffen werden: Verstand.
- Lebensstil: organisiert.

Ähnliche Persönlichkeitstypen

- *Logiker*
- *Direktor*
- *Reformer*

Statistische Angaben

- *Strategen* stellen ca. 1-2 % der Gesellschaft dar.
- Unter *Strategen* überwiegen Männer (80 %).
- Das Land, welches dem Profil des *Strategen* entspricht, ist Finnland.

Buchstaben-Code

Der universelle Code des *Strategen* ist in den Jungschen Persönlichkeitstypologien INTJ.

Mehr:

Jarosław Jankowski
Ihr Persönlichkeitstyp: Stratege (INTJ)

Der Verwalter (ESTJ)

Lebensmotto: *Erledigen wir diese Aufgabe!*

Fleißig, verantwortungsbewusst und überaus loyal. Energisch und entschieden. Sie schätzen Ordnung, Stabilität, Sicherheit und klare Regeln. *Verwalter* sind sachlich und konkret. Sie sind logisch, rational und praktisch. Sie vermögen es, sich eine große Menge detaillierter Informationen anzueignen.

Hervorragende Organisatoren, die Ineffizienz, Verschwendung und Faulheit nicht dulden. Sie sind ihren Überzeugungen treu und aufgeschlossen gegenüber anderen Menschen. Sie legen ihre Meinung entschieden dar und üben offen Kritik aus, weswegen sie manchmal ungewollt andere Menschen verletzen.

Natürliche Veranlagungen des *Verwalters*

- Die Quelle seiner Lebensenergie: seine äußere Welt.
- Informationsaufnahme: Sinne.
- Art und Weise wie Entscheidungen getroffen werden: Verstand.
- Lebensstil: organisiert.

Ähnliche Persönlichkeitstypen

- *Animateur*
- *Inspektor*
- *Praktiker*

Statistische Angaben

- *Verwalter* stellen ca. 10-13 % der Gesellschaft dar.
- Unter *Verwaltern* überwiegen Männer (60 %).
- Das Land, welches dem Profil des *Verwalters* entspricht, sind die USA.

Buchstaben-Code

Der universelle Code des *Verwalters* ist in den Jungschen Persönlichkeitstypologien ESTJ.

Mehr:

Jarosław Jankowski
Ihr Persönlichkeitstyp: Verwalter (ESTJ)

Anhang

Die vier natürlichen Veranlagungen

1. Dominierende Quelle der Lebensenergie

    o ÄUSSERE WELT
       Menschen, die ihre Energie aus der
       Umwelt schöpfen, die Aktivitäten und
       Kontakt mit anderen Menschen benö-
       tigen. Sie vertragen längere Einsam-
       keit nur schlecht.

    o INNERE WELT
       Menschen, die ihre Energie aus ihrem
       Innern schöpfen, die Ruhe und Ein-
       samkeit brauchen. Sie fühlen sich er-
       schöpft, wenn sie längere Zeit mit an-
       deren Menschen verbringen.

2. Dominierende Art, Informationen aufzunehmen

   o SINNE
   Menschen, die auf ihre fünf Sinne
   vertrauen. Sie glauben an Fakten und
   Beweise und mögen erprobte Metho-
   den sowie praktische und konkrete
   Aufgaben. Sie sind Realisten, die sich
   auf ihre Erfahrung stützen.

   o INTUITION
   Menschen, die auf ihren sechsten Sinn
   vertrauen. Sie lassen sich durch Vor-
   ahnungen leiten und mögen innova-
   tive Lösungen sowie Probleme theo-
   retischer Natur. Sie zeichnen sich
   durch eine kreative Herangehensweise
   sowie die Fähigkeit aus, Dinge vorherzusehen.

3. Dominierende Art, Entscheidungen zu treffen

   o VERSTAND
   Menschen, die sich nach ihrer Logik
   und objektiven Regeln richten. Sie
   sind kritisch und direkt, wenn sie ihre
   Meinung äußern.

   o HERZ
   Menschen, die sich nach ihren Empfindungen und Werten richten. Sie

streben nach Harmonie und Einverständnis mit anderen.

4. Dominierender Lebensstil

    o   ORGANISIERT
        Menschen, die pflichtbewusst und organisiert sind. Sie schätzen Ordnung und mögen es, nach Plan zu handeln.

    o   SPONTAN
        Flexible Menschen, die ihre Freiheit schätzen. Sie erfreuen sich des Augenblicks und finden sich gut in neuen Situationen zurecht.

Geschätzter Anteil der einzelnen Persönlichkeitstypen an der Bevölkerung (in %)

Persönlichkeitstyp	Anteil
Animateur (ESTP):	6 – 10 %
Anwalt (ESFJ):	10 – 13 %
Berater (ENFJ):	3 – 5 %
Betreuer (ISFJ):	8 – 12 %
Direktor (ENTJ):	2 – 5 %
Enthusiast (ENFP):	5 – 8 %
Idealist (INFP):	1 – 4 %
Inspektor (ISTJ):	6 – 10 %
Künstler (ISFP):	6 – 9 %
Logiker (INTP):	2 – 3 %
Mentor (INFJ):	ca. 1 %

Moderator (ESFP):	8 – 13 %
Praktiker (ISTP):	6 – 9 %
Reformer (ENTP):	3 – 5 %
Stratege (INTJ):	1 – 2 %
Verwalter (ESTJ):	10 – 13 %

Geschätztes prozentuales Verhältnis von Frauen und Männern je nach Persönlichkeitstyp

Persönlichkeitstyp	Frauen/Männer
Animateur (ESTP):	40 % / 60 %
Anwalt (ESFJ):	70 % / 30 %
Berater (ENFJ):	80 % / 20 %
Betreuer (ISFJ):	70 % / 30 %
Direktor (ENTJ):	30 % / 70 %
Enthusiast (ENFP):	60 % / 40 %
Idealist (INFP):	60 % / 40 %
Inspektor (ISTJ):	40 % / 60 %
Künstler (ISFP):	60 % / 40 %
Logiker (INTP):	20 % / 80 %
Mentor (INFJ):	80 % / 20 %
Moderator (ESFP):	60 % / 40 %
Praktiker (ISTP):	40 % / 60 %
Reformer (ENTP):	30 % / 70 %
Stratege (INTJ):	20 % / 80 %
Verwalter (ESTJ):	40 % / 60 %

Literaturverzeichnis

- Arraj, J. (1990): *Tracking the Elusive Human, Volume 2: An Advanced Guide to the Typological Worlds of C. G. Jung, W.H. Sheldon, Their Integration, and the Biochemical Typology of the Future*. Midland, OR: Inner Growth Books.

- Arraj, J. / Arraj, T. (1988): *Tracking the Elusive Human, Volume 1: A Practical Guide to C.G. Jung's Psychological Types, W.H. Sheldon's Body and Temperament Types and Their Integration*. Chiloquin, OR: Inner Growth Books.

- Berens, L. V. / Cooper, S. A. / Ernst, L. K. / Martin, C. R. / Myers, S. / Nardi, D. / Pearman, R. R./Segal, M./Smith, M. A. (2002): *Quick Guide to the 16 Personality Types in Organizations: Understanding Personality Differences in the Workplace*. Fountain Valley, CA: Telos Publications.

- Geier, J. G./Downey, D. E. (1989): *Energetics of Personality*: Success Through Quality

Action. Minneapolis, MN: Aristos Publishing House.

- Hunsaker, P. L. / Alessandra, T. (1986): *The Art of Managing People*. New York, NY: Simon and Schuster.

- Jung, C. G. (1995): *Psychologische Typen*. Ostfildern: Patmos Verlag.

- Kise, J. A. G. / Krebs Hirsh, S. / Stark, D. (2005): *LifeKeys: Discover Who You Are*. Bloomington, MN: Bethany House.

- Kroeger, O. / Thuesen, J. M. (1988): *Type Talk or How to Determine Your Personality Type and Change Your Life*. New York, NY: Delacorte Press.

- Lawrence, G. D. (1997): *Looking at Type and Learning Styles*. Gainesville, FL: Center for Applications of Psychological Type.

- Lawrence, G. D. (1993): *People Types and Tiger Stripes*. Gainesville, FL: Center for Applications of Psychological Type.

- Maddi, S. R. (2001): *Personality Theories: A Comparative Analysis*. Long Grove, IL: Waveland Press.

- Martin, C. R. (2001): *Looking at Type: The Fundamentals Using Psychological Type To Understand and Appreciate Ourselves and Others*. Gainesville, FL: Center for Applications of Psychological Type.

- Meier, C. A. (1986): *Persönlichkeit: Der Individuationsprozess im Lichte der Typologie C. G. Jungs*. Einsiedeln: Daimon.

- Pearman, R. R. / Albritton, S. C. (2010): *I'm Not Crazy, I'm Just Not You: The Real Meaning of the Sixteen Personality Types.* Boston, MA: Nicholas Brealey Publishing.

- Segal, M. (2001): *Creativity and Personality Type: Tools for Understanding and Inspiring the Many Voices of Creativity.* Fountain Valley, CA: Telos Publications.

- Sharp, D. (1987): *Personality Type: Jung's Model of Typology.* Toronto: Inner City Books.

- Spoto, A. (1995): *Jung's Typology in Perspective.* Asheville, NC: Chiron Publications.

- Tannen, D. (1990): *You Just Don't Understand: Women and Men in Conversation.* New York, NY: William Morrow and Company.

- Thomas, J. C. / Segal, D. L. (2005): *Comprehensive Handbook of Personality and Psychopathology, Personality and Everyday Functioning.* Hoboken, NJ: Wiley.

- Thomson, L. (1998): *Personality Type: An Owner's Manual.* Boston, MA: Shambhala.

- Tieger, P. D./Barron-Tieger, B. (2000): *Just Your Type: Create the Relationship You've Always Wanted Using the Secrets of Personality Type.* New York, NY: Little, Brown and Company.

- Von Franz, M.-L. / Hillman, J. (1971): *Lectures on Jung's Typology.* New York, NY: Continuum International Publishing Group.

Der Leser steht an erster Stelle.

Eine Autorenkampagne
der Alliance of Independent Authors

www.ingramcontent.com/pod-product-compliance
Lightning Source LLC
Chambersburg PA
CBHW031207020426
42333CB00013B/824